Analyse de l'œuvre

Par Hadrien Seret
et Alexandre Randal

La Machine infernale

de Jean Cocteau

Rendez-vous sur lepetitlitteraire.fr et découvrez :

Plus de 1200 analyses
Claires et synthétiques
Téléchargeables en 30 secondes
À imprimer chez soi

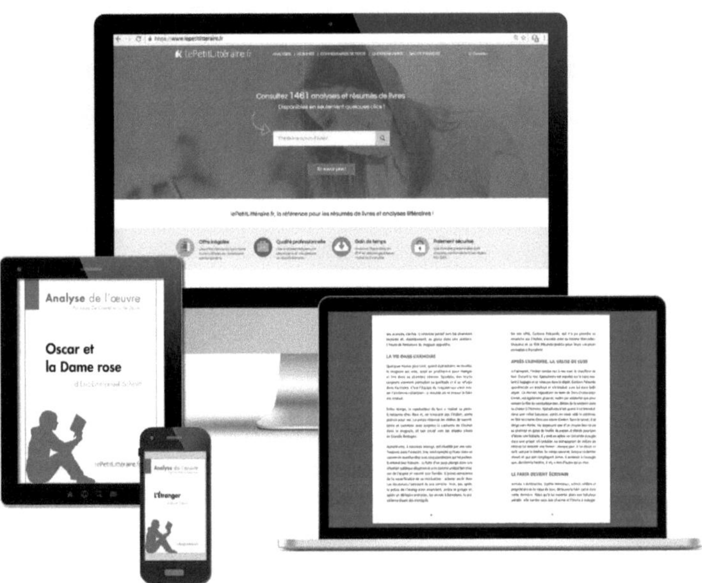

JEAN COCTEAU

POÈTE, ROMANCIER, CINÉASTE ET DRAMATURGE FRANÇAIS

- **Né en 1889 à Maisons-Laffitte (Ile-de-France)**
- **Décédé en 1963 à Milly-la-Forêt**
- **Quelques-unes de ses œuvres :**
  - *Le Grand Écart* (1923), roman
  - *Les Enfants terribles* (1929), roman
  - *La Machine infernale* (1934), pièce de théâtre

Jean Cocteau est un écrivain français né en 1889 et décédé en 1963. Issu d'une riche famille amatrice d'art, le suicide de son père puis son échec au baccalauréat le poussent vers la voie de l'écriture d'où naitront ses premiers poèmes. Par la suite, les différentes rencontres qu'il fait avec des personnages importants de son époque tels que Apollinaire (écrivain français, 1880-1918), Picasso (peintre espagnol, 1881-1973) ou encore Raymond Radiguet (écrivain français, 1903-1923) l'amènent à exercer ses talents dans d'autres arts. Il se tourne ainsi vers le roman, le cinéma, le théâtre ou encore le dessin.

La polyvalence de son œuvre et les polémiques qu'il provoque (il avoue ouvertement sa bisexualité dans son *Livre blanc*) lui assureront la notoriété. Jean Cocteau a également été membre de l'Académie française et de l'Académie royale de langue et de littérature françaises de Belgique.

RAYMOND RADIGUET

Raymond Radiguet est un écrivain français qui a fait sensation auprès de la critique pour son roman *Le Diable au corps* paru en 1923.

En 1918, Max Jacob (poète surréaliste français, 1876-1944) présente Raymond Radiguet à Jean Cocteau. Ce dernier, qui a déjà acquis à cette époque une belle renommée artistique dans le Paris des arts et qui est ami avec des artistes tels que Picasso ou encore Modigliani (peintre italien, 1884-1920), tombe sous le charme de l'adolescent. Radiguet, alors âgé de 14 ans, fait preuve d'une maturité étonnante. Une relation fructueuse, qui n'est initialement pourtant pas sans ambigüité, naitra alors entre les deux auteurs.

Radiguet, qui possède une culture littéraire très vaste malgré son jeune âge, suggère à son ami de travailler à la réinterprétation des grands mythes. Cocteau, fasciné par la Grèce antique, décide dès lors d'insuffler, par la création théâtrale, une seconde vie aux mythes anciens. Il s'attèle tout d'abord à *Antigone* (1922), puis à *Œdipe Roi* (1925) et finalement à *La Machine infernale* (1934). « Les mythes ne vivent que si on les recharge de sang-neuf. Il est dangereux de les croire intouchables » (Lettre à Maurice Thiriet, citée par Gérard Lieber dans *Jean Cocteau, Théâtre complet*, p. 1673).

LA MACHINE INFERNALE

LA MARCHE INÉLUCTABLE DU DESTIN

- **Genre :** théâtre (tragédie)
- **Édition de référence :** *La Machine infernale*, Paris, Le Livre de Poche, coll. « Littérature et documents », 2006, 154 p.
- **1ʳᵉ édition :** 1934
- **Thématiques :** mythe, destin, mort, parodie, amour, ironie

La Machine infernale est une pièce de théâtre écrite par Jean Cocteau en 1932. Elle illustre la période « néoclassique » de l'auteur, c'est-à-dire sa volonté de remettre au gout du jour des œuvres de l'Antiquité grecque et romaine.

La pièce de théâtre se présente comme une adaptation moderne de la légende œdipienne élaborée par le dramaturge grec Sophocle (495-406 av. J.-C.). Dans son texte, Cocteau insère des allusions aux grands courants intellectuels de son époque (notamment la psychanalyse) et impose une vision personnelle des personnages tout en conservant le caractère tragique de l'œuvre originale.

Montée dès 1934, la pièce sera un échec malgré la présence du célèbre acteur Louis Jouvet (acteur et metteur en scène français, 1887-1951).

RÉSUMÉ

ASSASSINER LE PÈRE

Œdipe, un jeune homme déterminé à tuer le fameux Sphinx, le monstre qui terrorise les Thébains, arrive à Thèbes. Il a quitté le palais de Corinthe, où le roi Polybe et son épouse l'ont élevé comme leur fils, avide d'aventures, prenant pour prétexte la prophétie qui lui est révélée, selon laquelle il tuera son père et il épousera sa mère : mieux valait donc s'éloigner d'eux. Il ne sait pas qu'il est en réalité le fils des souverains de Thèbes, Laïus et Jocaste, qui, effrayés par la même révélation, l'ont abandonné à sa naissance aux bêtes sauvages après lui avoir troué les pieds. Un berger a recueilli le nourrisson et l'a apporté au roi de Corinthe qui l'a adopté.

Avant d'arriver à destination, Œdipe a rencontré à un carrefour un vieillard qui, voulant passer en premier, l'a bousculé : une dispute a éclaté entre les deux hommes, au terme de laquelle Œdipe a tué le vieil homme en lui donnant un coup de bâton fatal. Ce vieillard était le roi Laïus ; la première partie de l'oracle s'est donc révélée exacte.

Devenu un fantôme, Laïus hante les remparts de Thèbes afin de prévenir son épouse qu'un terrible danger la menace. Il apparait une nuit aux yeux de deux gardes qui s'empressent de raconter autour d'eux leur vision. La rumeur arrive aux oreilles de Jocaste. Celle-ci décide un soir de se rendre là où ont lieu les apparitions, accompagnée de son conseiller, un devin aveugle nommé Tirésias. Elle compte voir de ses propres yeux ce fantôme qui prend les traits de son époux.

À cette fin, elle interroge les deux militaires, qui ont vu le spectre et dont les dires la persuadent que c'est bien son ancien mari qui cherche à la contacter. Cette attitude irrite Tirésias, pour qui toute cette histoire n'est que balivernes. Alors que la reine et le devin se querellent, le fantôme du roi Laïus apparait et appelle sa femme et Tirésias, en vain : il ne parvient pas à se faire entendre. Au lever du soleil, la reine et son conseiller quittent les remparts. Seuls les soldats ont remarqué la présence du spectre, qui leur a donné un ultime avertissement avant de disparaitre.

TUER LE MONSTRE

Peu après la fermeture des portes de la ville de Thèbes, annoncée par trois sonneries, Œdipe s'approche des décombres d'un temple, non loin des remparts. C'est là que se cache le Sphinx.

Celui-ci s'est dissimulé sous les traits d'une jeune fille. Profitant du côté attirant que cette apparence lui assure, il parle au jeune homme qui est venu à sa rencontre et apprend la raison de sa présence dans cette région : affronter le monstre qui persécute les habitants aux abords de la ville, le vaincre et, auréolé de gloire, revenir à Thèbes pour épouser la reine Jocaste.

Après avoir en vain tenté de détourner Œdipe de son projet, le Sphinx reprend sa véritable forme et fait subir au jeune homme une simulation de ce qui arriverait s'il se mettait à l'interroger. La démonstration faite, le monstre veut laisser Œdipe libre. Il est en effet las de questionner et de tuer tous les voyageurs qui passent sur son chemin. Mais Anubis, le dieu de la mort, n'est pas de cet avis : le Sphinx a l'obligation de continuer à remplir son rôle, celui-ci lui étant attribué par les dieux.

Obéissante, la créature pose alors une énigme au héros, tout en lui donnant la réponse : le héros la vainc ainsi facilement. Enthousiaste, Œdipe s'empare du corps de la bête et se dirige vers Thèbes pour aller chercher sa récompense.

ÉPOUSER LA MÈRE

Après des cérémonies fastueuses, Œdipe et Jocaste se retirent dans leur chambre afin de passer leur nuit de noces. Alors que son épouse est partie se coiffer, le nouveau roi de Thèbes reçoit de mauvaise grâce le devin Tirésias, qui lui annonce que de mauvais présages flottent au-dessus du couple et lui enjoint de réfléchir avant de consommer son mariage : cela pourrait causer sa perte. Mais le jeune homme ne veut rien entendre et, après un échange violent, chasse le devin de la pièce.

Jocaste ayant fini sa toilette, les deux époux se retrouvent : la reine lui raconte l'épisode du fantôme des remparts tandis qu'Œdipe lui narre sa rencontre avec le Sphinx. Alors qu'elle le déchausse, Jocaste pousse un cri en constatant des cicatrices aux pieds d'Œdipe. Si ce dernier la rassure en lui expliquant que ce sont des blessures de chasse, la reine avoue que ces balafres lui rappellent une anecdote douloureuse de son existence et raconte l'épisode de l'abandon de son fils. Œdipe parvient à rassurer Jocaste et tous deux s'endorment.

APAISER LA COLÈRE DES DIEUX

Dix-sept années s'écoulent dans un règne paisible. À présent père de quatre enfants, Œdipe est devenu un roi respecté. Mais une violente peste est envoyée par les dieux sur la ville : ceux-ci condamnent le parricide et l'inceste qui ont été commis. Pour apaiser leur colère, on se met à chercher un responsable.

Au palais royal, Œdipe apprend la mort de celui qu'il croit être son père et s'en réjouit : elle éloigne de lui la terrible prophétie qui l'a forcé à fuir Corinthe. Mais sa joie est de courte durée : le messager envoyé pour lui porter la nouvelle lui apprend qu'il n'était que son père adoptif et qu'il l'avait recueilli enfant, abandonné et attaché par les pieds...

Œdipe se rappelle aussi avoir tué un jour un vieillard qui lui barrait le passage. À cette mention, Jocaste comprend vite que la victime est son ancien époux Laïus et se pend. Plus tard, un berger confirme le lien de parenté qui unit le jeune homme à la reine. Couvert de honte, Œdipe se crève les yeux avec la broche de son épouse. Sa cécité lui permet de communiquer avec Jocaste malgré le fait qu'elle soit morte. Créon, frère de l'ancienne reine, est devenu monarque intérimaire. Pensant qu'Œdipe a perdu la raison, il le chasse de la ville. Ce dernier part alors, soutenu par l'esprit de Jocaste et par sa fille, Antigone.

ÉTUDE DES PERSONNAGES

Dans la tragédie antique, tous les personnages joués étaient nobles. Cette noblesse leur conférait un charisme qui contribuait grandement, une fois le drame noué, à leur élévation en tant qu'exemples à ne pas suivre pour le public.

Si les personnages de l'œuvre de Cocteau sont également nobles, il ne s'agit néanmoins que d'une prestance de façade : l'auteur cherche, en effet, à les tourner constamment en ridicule afin que le public comprenne leur faiblesse dans la grande mécanique mise en place par les dieux.

ŒDIPE

Héros principal de la tragédie, Œdipe est le fils du roi de Thèbes, Laïus, et de la reine Jocaste. Avec cette dernière, qui sera aussi son épouse, il aura quatre enfants : Antigone, Ismène, Étéocle et Polynice.

« Il tuera son père. Il épousera sa mère. » (p. 35) Ces mots, qui ouvrent l'acte I, résument à eux seuls le destin qui accablera le futur roi de Thèbes. Abandonné dès sa naissance par Laïus et Jocaste, épouvantés par cette prédiction, il est recueilli par un berger et apporté par celui-ci au roi Polybe de Corinthe, qui l'élève comme son fils. Pensant ne pas être concerné par l'oracle, qu'il a simplement utilisé pour s'éloigner de son cocon familial, Œdipe, devenu un jeune homme arrogant en quête de gloire, se rend à Thèbes afin de terrasser le Sphinx et d'épouser la reine Jocaste. En chemin, il tue un vieillard (qui s'avèrera être son père, Laïus), mais ne se considère pas responsable de ce décès.

Finalement confronté au monstre légendaire, Œdipe adopte une attitude contraire à celle d'un héros traditionnel : il fraternise avec la créature sans connaitre sa véritable identité et cette dernière, séduite, lui révèle ses artifices et la réponse de l'énigme. C'est ainsi qu'Œdipe parvient à vaincre le Sphinx lorsqu'Anubis (dieu funéraire égyptien) somme ce dernier de mettre le jeune homme à l'épreuve. Œdipe pense alors avoir obtenu sa gloire, mais c'est un exploit ridicule pour lequel il n'a eu aucun mérite qui lui confère le titre de roi de Thèbes, ce qui le décrédibilise aux yeux du public de la pièce.

Ayant obtenu sa récompense, Œdipe se présente comme un monarque à la fois bon et terriblement orgueilleux : il ne supporte pas qu'on le conteste, comme le montre son altercation avec Tirésias dans l'acte III. En outre, les moments intimes qu'il partage avec Jocaste, emplis de mièvrerie, le rendent encore un peu plus pathétique.

Ce processus de ridiculisation est encore accentué à l'acte IV au cours duquel Œdipe nie farouchement l'accomplissement de son destin malgré les preuves successives qui se présentent à lui. Lorsqu'il comprend la portée de ses actes, il se crève les yeux. Ce n'est qu'à ce moment qu'Œdipe, apaisé, cesse d'être risible pour adopter une noblesse qui fait écho à son modèle antique.

JOCASTE

Reine de Thèbes, Jocaste est successivement l'épouse de

Laïus puis de son propre fils, Œdipe.

Éprouvée par la mort de son premier mari et par l'abandon forcé de son premier enfant qu'elle n'a jamais pu vraiment accepter, Jocaste n'a de reine que le titre : elle est dépressive, parfois paranoïaque (« Je suis entourée d'objets, qui me détestent », p. 48) et son accent étranger la dessert un peu plus auprès de sujets qui ne l'apprécient pas et la considèrent comme folle (« La reine [...], on ne l'aime pas, on la trouve un peu (*il se cogne la tête*) », p. 46). Ce caractère instable provoque souvent des réactions grotesques (en témoignent notamment ses disputes incessantes avec Tirésias qui se présente comme son conseiller, mais qu'elle n'écoute pas) qui portent durablement atteinte à son image.

Si l'arrivée d'Œdipe dans sa vie lui apporte un équilibre qu'elle n'avait plus retrouvé depuis l'assassinat de Laïus, elle est également génératrice de nouvelles angoisses : elle se plaint longuement de sa vieillesse (« [Tirésias] a dû te démontrer que tu étais trop jeune pour moi [...] que j'étais trop vieille », p. 107) et est hantée par la peur de ne pouvoir plaire à son jeune et fougueux époux. Cette phobie qu'éprouve Jocaste – ridicule lorsqu'on la compare aux déclarations d'amour d'Œdipe – la pousse à tout faire pour conserver son nouveau mari : elle nie ainsi délibérément les signes de la destinée (la scène des cicatrices) au profit de son bonheur. Le refus de l'évidence achève de la tourner en dérision. La réalisation de l'oracle d'Œdipe la pousse finalement au suicide. La mort lui apporte la raison : devenue fantôme, elle guide son fils aveugle à travers les marches du palais, remplissant un rôle de mère qu'elle n'aurait jamais dû délaisser.

TIRÉSIAS

Vieux devin aveugle, Tirésias est le grand prêtre de Thèbes et le conseiller attitré de Jocaste. Homme autoritaire et tenant en haute estime son rôle de serviteur des dieux, Tirésias est le seul à percevoir la tragédie qui se prépare lorsqu'Œdipe arrive à Thèbes. Il ne parvient néanmoins pas à l'empêcher de s'accomplir malgré tous ses avertissements à Jocaste ou à Œdipe (acte III). Il se pose dès lors comme le témoin de la bonne exécution de la prophétie (« Ne bougez pas. Un oracle arrive du fond des âges. [...] Je vous demande, Créon, de ne vous mêler de rien », p. 129).

L'importance de sa charge ne le dispense pas d'être tourné en ridicule, surtout par Jocaste qui, consciente de son affection, le fait tourner en bourrique (comme dans l'acte I où la reine insiste sur ses infirmités de vieillard et l'humilie en le surnommant « Zizi »).

LE SPHINX

Dans la mythologie grecque, le Sphinx est présenté comme un monstre ailé à buste de femme qui dévorait les voyageurs incapables de répondre à son énigme. Dans *La Machine infernale*, la créature subit d'importantes modifications de la part de Cocteau qui l'humanise considérablement : elle est ainsi évoquée sous les traits d'une jeune femme lassée de son travail meurtrier et qui aspire plus que tout à s'en décharger.

Cette part de sensibilité conjuguée au trouble que provoque chez elle la beauté d'Œdipe la pousse à abandonner son implacabilité au profit d'une démonstration où elle révèle sa véritable identité et les mécanismes de son piège.

Cette mise à nu – élaborée dans le seul but de laisser le jeune homme libre – rend son identité monstrueuse bancale et dès lors extrêmement grotesque. Le sentiment de ridicule est renforcé par sa mort absurde (elle est poussée par Anubis – qui symbolise la part de monstruosité qu'elle a rejetée – à interroger Œdipe, ce qui équivaut à un suicide puisqu'elle avait tout dévoilé à ce dernier) et par l'ingratitude que le héros manifeste à son égard (il ne la remercie pas et se contente de prendre sa dépouille).

CLÉS DE LECTURE

UN TITRE RÉVÉLATEUR

Par le titre qu'il donne à son œuvre, Cocteau nous met immédiatement sur la voie du sujet qui l'intéresse ici : la destinée humaine enclenchée par une force transcendante.

Des dieux et des hommes

Comme Sophocle 2 400 ans auparavant, Cocteau met en évidence, dans sa tragédie, la différence de condition qui sépare les hommes des dieux et la supériorité que ces derniers ont sur la race humaine.

Pourtant, contrairement à son prédécesseur grec, l'auteur, dans son prologue, met également en avant le caractère prémédité et raffiné de l'oracle destiné à Œdipe : les divinités ont rendu ce dernier le plus cruel possible afin d'en retirer un maximum d'amusement. En résulte une machine infernale, programmée pour le parricide, l'inceste et la souffrance dont Œdipe sera la victime à la fois consentante et impuissante.

La liberté humaine bafouée

À travers cette idée d'une machine infernale lancée sur l'homme sans que celui-ci soit en mesure de l'arrêter, c'est la question de la liberté humaine qui est posée. Œdipe est promis à un destin fatal, décidé pour lui par des dieux cruels. La machine se met en route dès le prologue et ne s'arrêtera plus, malgré tout ce que les protagonistes font pour l'éviter (Laïus et Jocaste abandonnent leur fils, Œdipe s'éloigne de ceux qu'il pense être ses parents) : dès le début, la fin est jouée. C'est en ce sens qu'elle est infernale. Le qualificatif met en lumière l'illusion de la liberté de l'homme qui pense, par ses actions, pouvoir outrepasser ce que les dieux ont décidé pour lui et influer sur son sort, là où il n'en est rien.

Chez Cocteau, chaque action, chaque décision rapproche un peu plus Œdipe de son destin : son abandon alors qu'il n'était encore qu'un bébé explique qu'il ne reconnaisse pas ses vrais parents ; il tue son père par erreur – là où il aurait pu se contenter de passer son chemin sans répondre à la provocation du domestique ; de même, il aurait pu écouter Tirésias avant de consommer son mariage avec sa mère. Mais Œdipe avait-il vraiment le choix d'agir autrement, étant qui il est ? Est-il coupable ? Son destin n'était-il pas entièrement déterminé à la fois par les dieux et par sa personnalité ? Ainsi, d'après le mythe revisité par Cocteau, nos actions, loin de nous permettre de changer un destin décidé pour nous à l'avance, y contribuent au contraire ; et la liberté reste une illusion.

LA CLAIRVOYANCE *VERSUS* L'AVEUGLEMENT

Un champ lexical particulier se démarque nettement tout au long de *La Machine infernale* : celui de la vision et de l'aveuglement. On trouve ainsi de nombreuses occurrences des mots : « yeux », « voir », « aveugle », « invisible », « caché », etc. Autre indice : le miroir, symbole d'une vision tronquée de la réalité, est un objet que l'on retrouve à plusieurs reprises dans la pièce.

Dans *La Machine infernale*, seuls les personnages aveugles

sont à même de réellement « voir », de comprendre la réalité au-delà des apparences. Plusieurs situations viennent appuyer cette idée :

- le devin Tirésias, aveugle, comprend confusément qu'Œdipe ne doit pas épouser Jocaste ;
- le fantôme de Laïus détient la vérité, mais Jocaste, aveuglée, ne peut le voir ni l'entendre ;
- Œdipe, les yeux crevés par la broche d'or de sa femme pendue, est désormais à même de communiquer avec la défunte. Enfin, il y voit clair, tandis que Créon, pourtant voyant, ne voit rien.

Enfin, ce thème de la lucidité de ceux qui se sont détachés des choses matérielles est en fait énoncé par l'intermédiaire du personnage d'Anubis :

> « ANUBIS. – Beaucoup d'hommes naissent aveugles et ils ne s'en aperçoivent que le jour où une bonne vérité leur crève les yeux. » (acte II)

DES OUTILS POUR MODERNISER LE MYTHE ANTIQUE

Cocteau ne se contente pas d'une simple adaptation de la légende œdipienne pour le public des années trente. En effet, l'écrivain met en place un certain nombre d'innovations dont le but est de montrer le caractère inéluctable du destin d'Œdipe. L'auteur parsème ainsi son texte de références, de renvois ou d'allusions qui sont autant d'annonces de la tragédie à venir.

La parodie (acte I)

L'acte I, qui voit l'apparition du spectre de Laïus sur les remparts de Thèbes pour mettre en garde son épouse, n'est pas un évènement original imaginé par Cocteau. En effet, le commencement de la pièce renvoie clairement à une autre tragédie, celle d'*Hamlet* de William Shakespeare (dramaturge anglais, 1564-1616).

Mais si le spectre du père d'Hamlet arrive à se faire voir de son fils afin que ce dernier le venge, celui de Laïus, frappé par la satire dont Cocteau pare chacun des personnages de *La Machine infernale*, ne parvient pas à faire de même. Il n'est qu'une pâle ombre qui peine à se maintenir visible et dont l'élocution est hachée ; de plus, hantant les remparts sans pouvoir s'approcher du palais, il n'arrive pas à atteindre ses destinataires. Pire, lorsqu'il a enfin l'occasion de délivrer son message, il ne peut se faire entendre.

Cocteau nous présente donc un fantôme ridicule et impuissant (à mille lieues du spectre majestueux et charismatique qui impose le silence et déclenche l'action de *Hamlet*) dont l'échec fait tourner la scène à la parodie et marque un peu plus le caractère inéluctable du destin qui va se jouer.

Les allusions à la psychanalyse

Lorsque Cocteau rédige *La Machine infernale* en 1932, la théorie du complexe d'Œdipe élaborée par Sigmund Freud (fondateur de la psychanalyse, 1856-1939) est déjà connue depuis une quinzaine d'années et la science à laquelle ce concept se rattache, la psychanalyse, est en pleine expansion.

<u>LE MYTHE D'ŒDIPE</u>

Fondateur de la psychanalyse, Sigmund Freud théorise dans l'un de ses ouvrages (*Introduction à la psychanalyse*, 1917) une série d'étapes psychiques qu'un enfant doit nécessairement franchir pour construire sa personnalité. Durant l'une d'entre elles (nommée « stade phallique »), le petit garçon, éprouvant du désir sexuel pour sa mère, entre dans une relation de rivalité avec son père envers qui il a des instincts de meurtre. Cette attirance pour la personne maternelle constitue « le complexe d'Œdipe », en référence à la liaison incestueuse entre ce dernier et Jocaste et au fait qu'il tue son père.

Dans le texte de sa pièce, l'écrivain fait plusieurs allusions soit à la discipline en général, soit à ce complexe dont le nom est inspiré directement de l'inceste consommé dans le mythe. Voici un exemple de chaque type :

- « N'est-ce pas mon métier de déchiffrer les rêves ? », dit Tirésias (p. 49). En tant que conseiller de la reine, l'une des fonctions de ce personnage est de décoder les songes angoissants que fait la reine. Cette prérogative est une référence implicite de Cocteau à un autre ouvrage de Sigmund Freud, *L'Interprétation des rêves*, publié en 1900. Dans cet ouvrage, le psychanalyste considère le rêve comme l'illustration de désirs ou de vérités profonds et refoulés (ces derniers formant l'inconscient).
- « Les petits garçons disent tous : "Je veux devenir un homme pour me marier avec maman" », affirme Jocaste (p. 58). Cette phrase résume à elle seule tout le principe même du complexe d'Œdipe, le désir amoureux d'un enfant pour son parent de sexe opposé.

Les effets d'annonce

Pour marquer le caractère inévitable de la destinée et ainsi ridiculiser un peu plus les personnages qui tentent d'y échapper, Cocteau distille dans les répliques des allusions à la suite de l'intrigue clamées par les différents acteurs qui ne se doutent pas qu'elles se réaliseront. Outre le prologue, qui raconte toute la trame avant que la pièce ne commence, voici d'autres illustrations égrenées au fil des actes :

- JOCASTE (*en parlant de son écharpe*). – « Je la crains et je n'ose m'en séparer. C'est affreux ! C'est affreux ! Elle me tuera. » (p. 48) Cette réplique se vérifie à l'acte IV où

Jocaste, horrifiée par la vérité, se pend avec cette même écharpe ;

- JOCASTE. – « Crois-tu que je vais laisser à la maison cette broche qui crève l'œil de tout le monde ? » (p. 59) Encore une fois, ce propos se vérifie à l'acte IV, car il s'agit de l'instrument avec lequel Œdipe se crève les yeux ;
- LE SPHINX (*répondant à Œdipe qui rêve d'épouser Jocaste*). – « Une femme qui pourrait être votre mère ! » (p. 78). Cette réplique est à la fois prémonitoire et comique puisque la femme qu'Œdipe épousera sera réellement sa mère ;
- ŒDIPE (*s'adressant à Jocaste qui tente de le sortir du lit*). – « Oui, ma petite mère chérie… » (p. 113). À demi conscient, Œdipe prononce cette phrase qui préfigure la tragédie finale. Cette réplique, conjuguée à l'état ensommeillé d'Œdipe, est une illustration parfaite du rêve comme vecteur de vérité.

Un acte supplémentaire (acte III)

Cocteau utilise enfin le principe de l'innovation pure pour moderniser le mythe d'Œdipe. En effet, l'acte III, qui prend place dans la chambre nuptiale du couple incestueux, n'existe pas dans les tragédies de Sophocle.

Le choix de construire un acte neuf est dicté par la volonté de Cocteau de faire basculer définitivement les deux protagonistes principaux dans l'engrenage maléfique de l'oracle. Il faut donc considérer cet épisode comme une chance donnée aux monarques d'échapper à leur destin, une opportunité qui ne fait que les rendre davantage coupables. Ainsi, Œdipe, mis en garde par Tirésias quant aux conséquences d'une telle union (« Réfléchissez encore, Œdipe. Les présages et ma propre sagesse me donnent tout à craindre de ces noces extravagantes, réfléchissez. », p. 103), violente le vieillard et le chasse. Jocaste, elle, en découvrant les cicatrices de son époux, a une preuve irréfutable de la véritable identité de ce dernier, mais décide de passer outre pour sauver son couple.

UNE TRAGÉDIE NON DÉNUÉE D'HUMOUR

Si *La Machine infernale* peut sans conteste être qualifiée de tragédie, Cocteau ne manque pourtant pas d'y disséminer de nombreuses touches d'humour qui prennent également part à ce processus de modernisation du mythe antique. Le clin d'œil littéraire de la parodie d'*Hamlet*, notamment, a déjà été évoqué.

Des personnages tournés en dérision

Cocteau, s'il reprend un mythe antique et reste fidèle aux noms des personnages, joue en revanche la surprise par son traitement de leur caractère et leur comportement, très éloignés des héros de Sophocle.

Ainsi, Œdipe est affublé de traits puérils : quelque peu égocentrique, il n'écoute pas ce qu'on lui dit et n'en fait qu'à sa tête ; il ne prend pas la responsabilité de ses actes, qu'il attribue à des causes extérieures à lui (voir le meurtre de Laïus) ; il révèle un côté mièvre dans ses relations d'amoureux avec Jocaste, etc.

Jocaste a également un côté enfantin, que l'on décèle particulièrement lors de ses disputes avec Tirésias. Elle appelle d'ailleurs celui-ci Zizi, ce qui prête à rire, à la fois par le mot en lui-même, tout comme par le contexte anachronique dans lequel il est employé. Obsédée par son âge, elle ne se préoccupe que peu de son rôle de reine au-delà de l'apparat.

Laïus, mort d'un coup porté par erreur, transformé en fantôme impuissant, est tourné en ridicule.

Un style humoristique

Le style de Cocteau participe d'ailleurs fortement à cet humour subtil. Il mélange ainsi différents registres d'écriture pour mieux faire ressortir le caractère de certains personnages, pour mieux souligner une situation loufoque.

Dans le premier acte particulièrement, on peut voir poindre le registre familier dans la conversation des soldats. L'ensemble de cette scène appartient d'ailleurs plutôt au genre comique, voire farcesque, non seulement par le vocabulaire utilisé, mais aussi par les sujets de conversation ou les personnages stéréotypés.

On repère également plusieurs anachronismes bien placés (par exemple, toujours dans l'acte I, les soldats parlent de leurs collègues faisant la fête en boite de nuit) qui, non contents de faire sourire, soulignent discrètement l'intemporalité du mythe d'Œdipe.

L'ironie et les sous-entendus, notamment dans l'acte III, celui de la nuit de noces, sont légion et permettent une sorte de connivence entre le lecteur/spectateur de la pièce, qui, connaissant le fin mot de l'histoire, saisit les insinuations, et l'auteur, qui les a voulues.

PISTES DE RÉFLEXION

QUELQUES QUESTIONS POUR APPROFONDIR SA RÉFLEXION...

- Expliquez le titre de l'œuvre.
- Comparez *La Machine infernale* avec la version du dramaturge grec Sophocle. Quelles sont les principales différences entre les deux œuvres ?
- Montrez comment Cocteau tourne Œdipe en dérision tout au long de la pièce.
- Pourquoi, à votre avis, Cocteau ridiculise-t-il tous ses personnages ?
- La représentation du Sphinx est-elle conforme à celle de la mythologie grecque ? Justifiez
- Avec ce mythe revisité, Cocteau remet en cause la liberté humaine. Dans ce contexte, pensez-vous qu'Œdipe soit coupable d'avoir tué son père et épousé sa mère ? Justifiez votre réponse.Pourquoi peut-on dire que Cocteau s'est inspiré d'*Hamlet* de Shakespeare ?
- Expliquez les allusions et renvois à la psychanalyse.
- Cocteau fait, tout au long de la pièce, des allusions à la suite de l'intrigue. Relevez-les. Selon vous, à quoi servent-elles ?
- De nombreux auteurs du XXe siècle – Cocteau, Sartre (philosophe et écrivain français, 1905-1980), Camus (écrivain français, 1913-1960) – se sont inspirés des mythes antiques ou les ont remis au gout du jour. Comment expliquez-vous cet engouement pour les figures mythologiques ?

Votre avis nous intéresse !
Laissez un commentaire sur le site de votre librairie en ligne
et partagez vos coups de cœur sur les réseaux sociaux !

POUR ALLER PLUS LOIN

ÉDITION DE RÉFÉRENCE

- Cocteau J., *La Machine infernale*, notes et commentaires de G. Lieber, Paris, Le Livre de Poche, coll. « Littérature et documents », 2006, 154 p.

ÉTUDES DE RÉFÉRENCE

- Antzenberger É., « L'arrière garde, ou le rajeunissement des mythes selon Jean Cocteau » (p. 75-93), in *Modernités du suranné/ Raturer le vieillir*, Clermont-Ferrand, Presses universitaires Blaise-Pascal, 2006, consulté le 29 aout 2016.
- Arnaud C., *Jean Cocteau*, Paris, Gallimard, coll. « NRF Biographie », 2003.
- Bernier M.-A. et Desjardins L., « Tragédie », in Aron P., Saint-Jacques D. et Viala A. (dir), *Le Dictionnaire du littéraire*, Paris, PUF, coll. « Quadrige », 2004, p. 623-624.
- Décaudin M. (dir.), *Jean Cocteau. Théâtre complet*, Paris, Gallimard, coll. « Bibliothèque de la Pléiade », 2003.
- De Romilly J., *La tragédie grecque*, Paris, PUF, coll. « Quadrige », 1982.
- Freud S., *Trois essais sur la théorie sexuelle*, traduit de l'allemand par P. Koeppel, Paris, Gallimard, coll. « L'Inconscient », 1987.
- Freud S., *Abrégé de psychanalyse*, traduit de l'allemand par A. Berman, Paris, PUF, 1951.
- Shakespeare W., *Hamlet, Othello, Macbeth*, traduction de F.-V. Hugo révisée par Y. Florenne et É. Duret, Paris,

Hachette, 1973, p. 9-158.

- Valette B., « Modernité du mythe chez Jean Cocteau », in Mingelgrün A. (dir.), *Jean Cocteau*, Bruxelles, Université libre de Bruxelles – Archives & Bibliothèques, 1989, p. 7-22.

ISBN version numérique : 978-2-8062-8664-2
ISBN version papier : 978-2-8062-8665-9
Dépôt légal : D/2016/12603/597

Avec la collaboration d'Alexandre Randal pour les chapitres suivants : « La liberté humaine bafouée » ; « La clairvoyance versus l'aveuglement » ; « Une tragédie non dénuée d'humour » ainsi que pour l'encadré « Raymond Radiguet ».

Conception numérique : Primento,
le partenaire numérique des éditeurs.

Ce titre a été réalisé avec le soutien de la Fédération Wallonie-Bruxelles, Service général des Lettres et du Livre.

Retrouvez notre offre complète sur lePetitLittéraire.fr

- des fiches de lectures
- des commentaires littéraires
- des questionnaires de lecture
- des résumés

ANOUILH
- Antigone

AUSTEN
- Orgueil et Préjugés

BALZAC
- Eugénie Grandet
- Le Père Goriot
- Illusions perdues

BARJAVEL
- La Nuit des temps

BEAUMARCHAIS
- Le Mariage de Figaro

BECKETT
- En attendant Godot

BRETON
- Nadja

CAMUS
- La Peste
- Les Justes
- L'Étranger

CARRÈRE
- Limonov

CÉLINE
- Voyage au bout de la nuit

CERVANTÈS
- Don Quichotte de la Manche

CHATEAUBRIAND
- Mémoires d'outre-tombe

CHODERLOS DE LACLOS
- Les Liaisons dangereuses

CHRÉTIEN DE TROYES
- Yvain ou le Chevalier au lion

CHRISTIE
- Dix Petits Nègres

CLAUDEL
- La Petite Fille de Monsieur Linh
- Le Rapport de Brodeck

COELHO
- L'Alchimiste

CONAN DOYLE
- Le Chien des Baskerville

DAI SIJIE
- Balzac et la Petite Tailleuse chinoise

DE GAULLE
- Mémoires de guerre III. Le Salut. 1944-1946

DE VIGAN
- No et moi

DICKER
- La Vérité sur l'affaire Harry Quebert

DIDEROT
- Supplément au Voyage de Bougainville

DUMAS
- Les Trois
  Mousquetaires

ÉNARD
- Parlez-leur
  de batailles,
  de rois et
  d'éléphants

FERRARI
- Le Sermon sur la
  chute de Rome

FLAUBERT
- Madame Bovary

FRANK
- Journal
  d'Anne Frank

FRED VARGAS
- Pars vite et
  reviens tard

GARY
- La Vie devant soi

GAUDÉ
- La Mort du
  roi Tsongor
- Le Soleil des
  Scorta

GAUTIER
- La Morte
  amoureuse
- Le Capitaine
  Fracasse

GAVALDA
- 35 kilos d'espoir

GIDE
- Les
  Faux-Monnayeurs

GIONO
- Le Grand
  Troupeau
- Le Hussard
  sur le toit

GIRAUDOUX
- La guerre de
  Troie
  n'aura pas lieu

GOLDING
- Sa Majesté des
  Mouches

GRIMBERT
- Un secret

HEMINGWAY
- Le Vieil Homme
  et la Mer

HESSEL
- Indignez-vous !

HOMÈRE
- L'Odyssée

HUGO
- Le Dernier Jour
  d'un condamné
- Les Misérables
- Notre-Dame
  de Paris

HUXLEY
- Le Meilleur
  des mondes

IONESCO
- Rhinocéros
- La Cantatrice
  chauve

JARY
- Ubu roi

JENNI
- L'Art français
  de la guerre

JOFFO
- Un sac de billes

KAFKA
- La Métamorphose

KEROUAC
- Sur la route

KESSEL
- Le Lion

LARSSON
- Millenium I. Les
  hommes qui
  n'aimaient pas
  les femmes

LE CLÉZIO
- Mondo

LEVI
- Si c'est un
  homme

LEVY
- Et si c'était vrai...

MAALOUF
- Léon l'Africain

MALRAUX
- La Condition humaine

MARIVAUX
- La Double Inconstance
- Le Jeu de l'amour et du hasard

MARTINEZ
- Du domaine des murmures

MAUPASSANT
- Boule de suif
- Le Horla
- Une vie

MAURIAC
- Le Nœud de vipères

MAURIAC
- Le Sagouin

MÉRIMÉE
- Tamango
- Colomba

MERLE
- La mort est mon métier

MOLIÈRE
- Le Misanthrope
- L'Avare
- Le Bourgeois gentilhomme

MONTAIGNE
- Essais

MORPURGO
- Le Roi Arthur

MUSSET
- Lorenzaccio

MUSSO
- Que serais-je sans toi ?

NOTHOMB
- Stupeur et Tremblements

ORWELL
- La Ferme des animaux
- 1984

PAGNOL
- La Gloire de mon père

PANCOL
- Les Yeux jaunes des crocodiles

PASCAL
- Pensées

PENNAC
- Au bonheur des ogres

POE
- La Chute de la maison Usher

PROUST
- Du côté de chez Swann

QUENEAU
- Zazie dans le métro

QUIGNARD
- Tous les matins du monde

RABELAIS
- Gargantua

RACINE
- Andromaque
- Britannicus
- Phèdre

ROUSSEAU
- Confessions

ROSTAND
- Cyrano de Bergerac

ROWLING
- Harry Potter à l'école des sorciers

SAINT-EXUPÉRY
- Le Petit Prince
- Vol de nuit

SARTRE
- Huis clos
- La Nausée
- Les Mouches

SCHLINK
- Le Liseur

SCHMITT
- La Part de l'autre
- Oscar et la
  Dame rose

SEPULVEDA
- Le Vieux qui
  lisait des romans
  d'amour

SHAKESPEARE
- Roméo et Juliette

SIMENON
- Le Chien jaune

STEEMAN
- L'Assassin
  habite au 21

STEINBECK
- Des souris et
  des hommes

STENDHAL
- Le Rouge et
  le Noir

STEVENSON
- L'Île au trésor

SÜSKIND
- Le Parfum

TOLSTOÏ
- Anna Karénine

TOURNIER
- Vendredi ou
  la Vie sauvage

TOUSSAINT
- Fuir

UHLMAN
- L'Ami retrouvé

VERNE
- Le Tour
  du monde
  en 80 jours
- Vingt mille
  lieues sous
  les mers
- Voyage au
  centre de
  la terre

VIAN
- L'Écume des jours

VOLTAIRE
- Candide

WELLS
- La Guerre des
  mondes

YOURCENAR
- Mémoires
  d'Hadrien

ZOLA
- Au bonheur
  des dames
- L'Assommoir
- Germinal

ZWEIG
- Le Joueur
  d'échecs